Mis vecinos

Roque Iñíguez
ilustrado por Héctor Borlasca

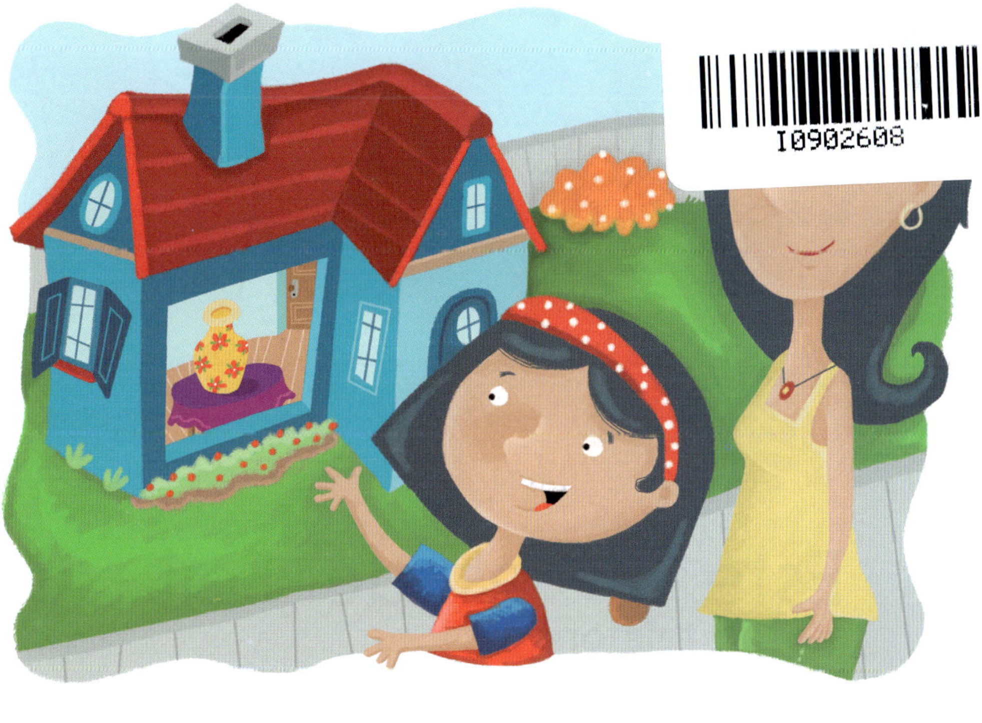

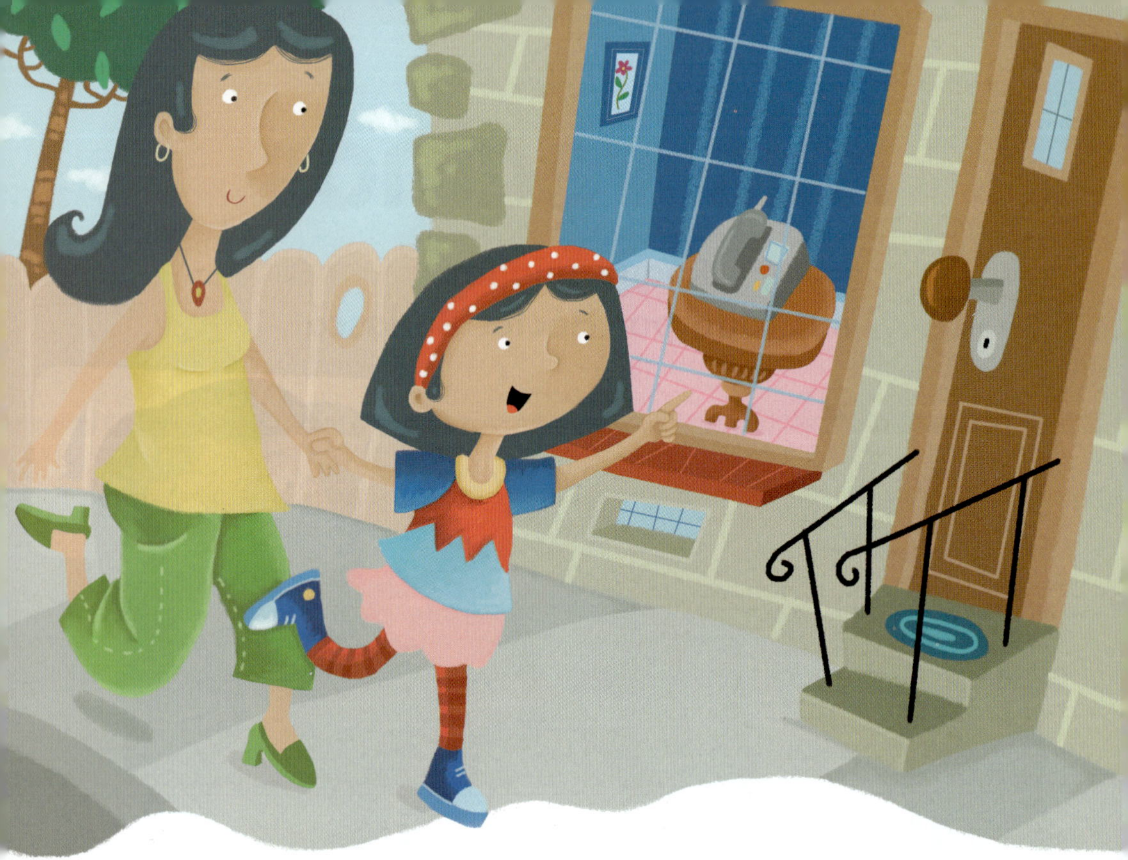

Este 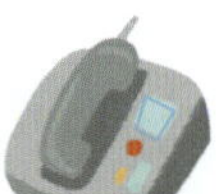 es de Feli.

teléfono

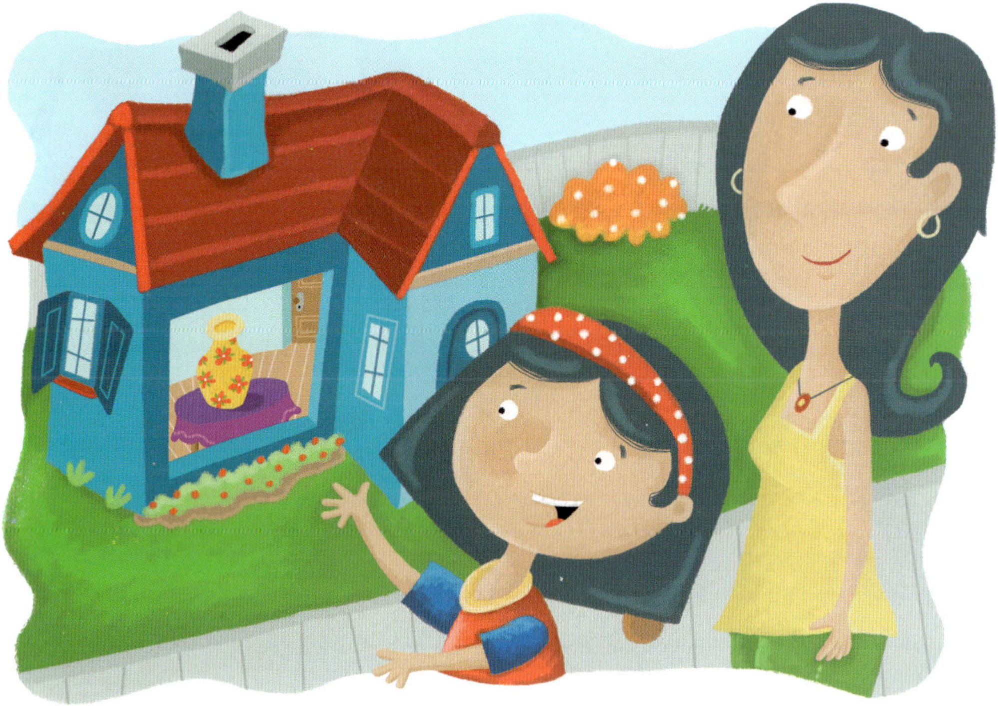

Este 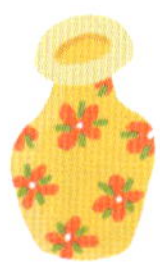 es de Sofi.

florero

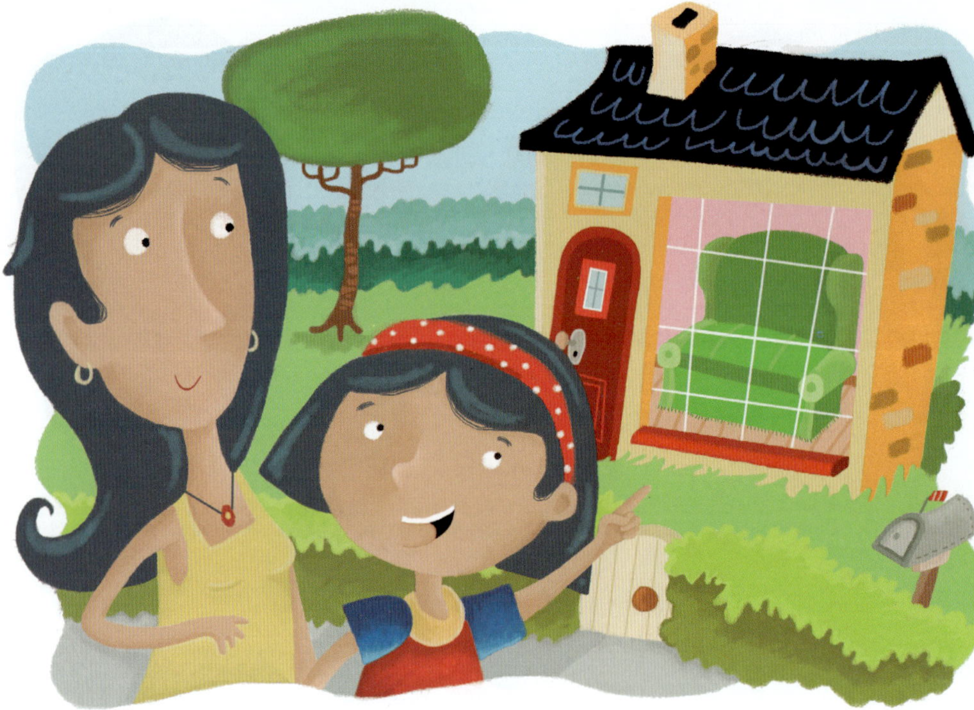

Este  es de Fito.

sofá

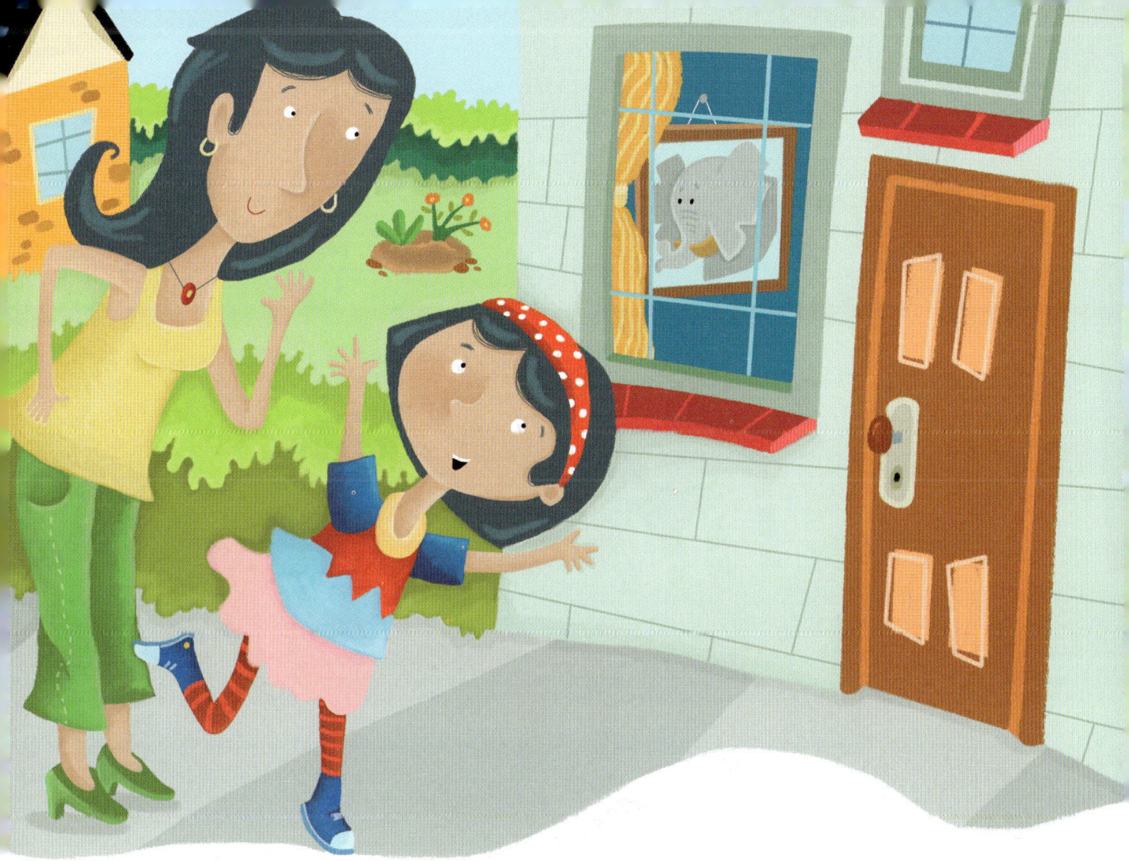

Este 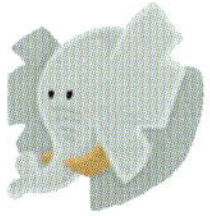 es de Fani.
elefante

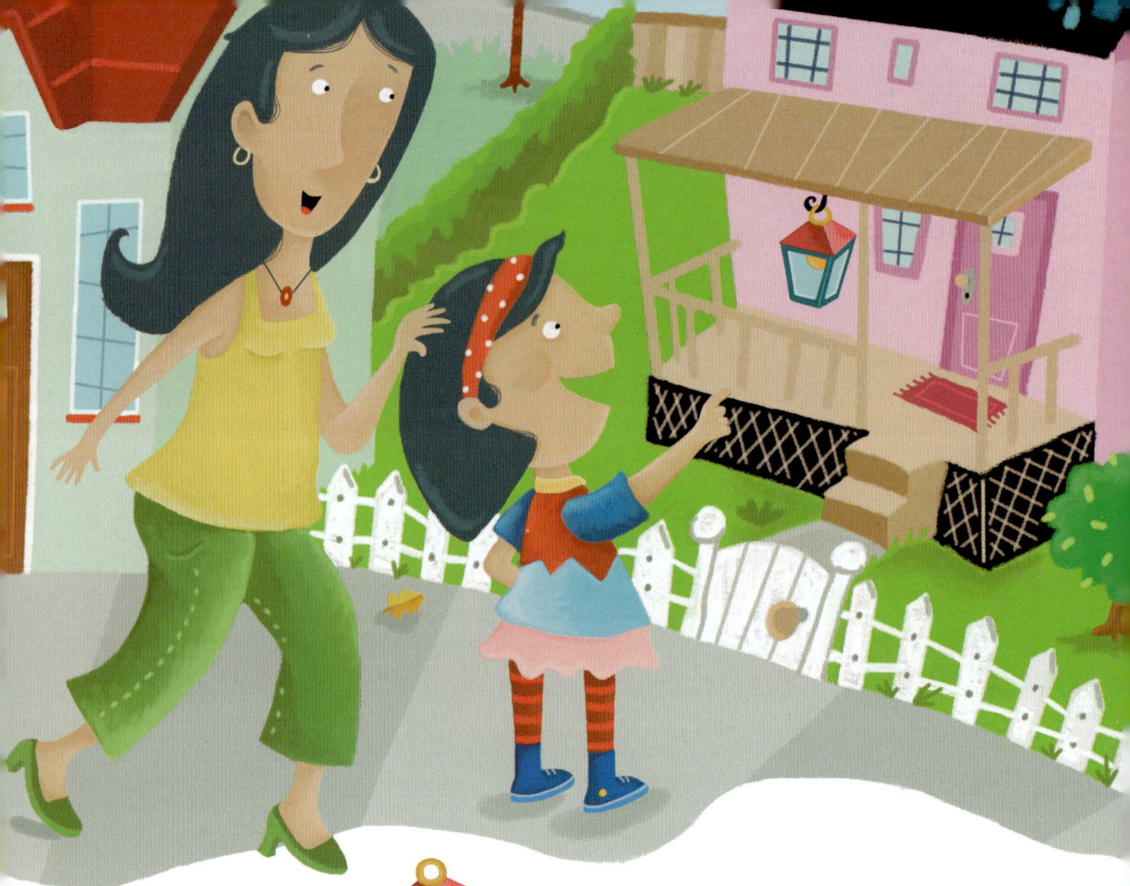

Este 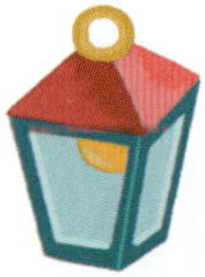 es de Pepe.

farol

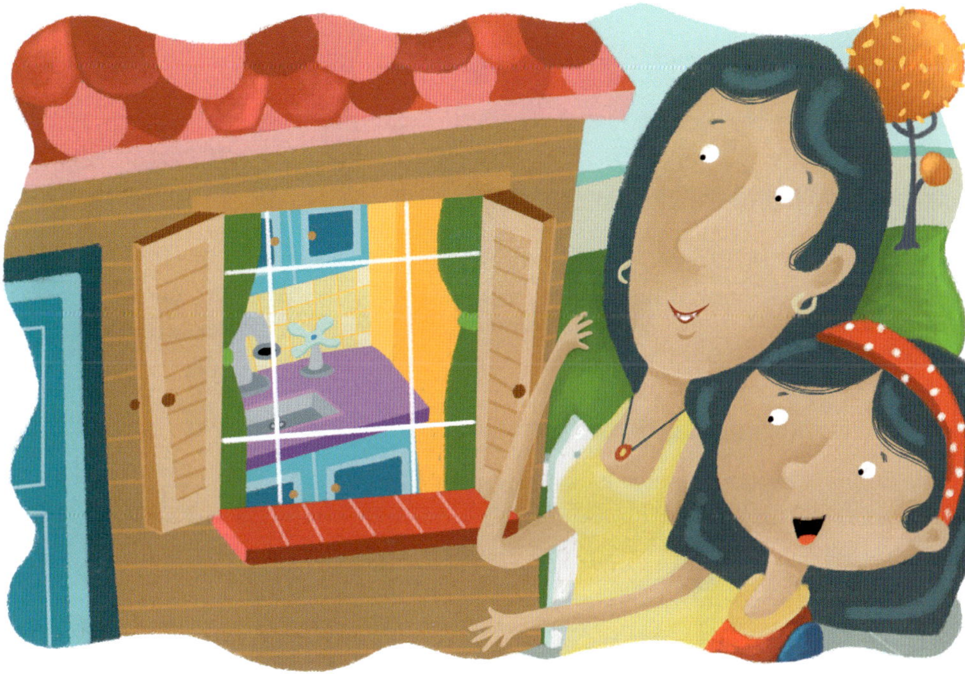

Este 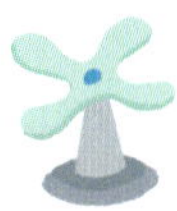 es de Lola.

grifo

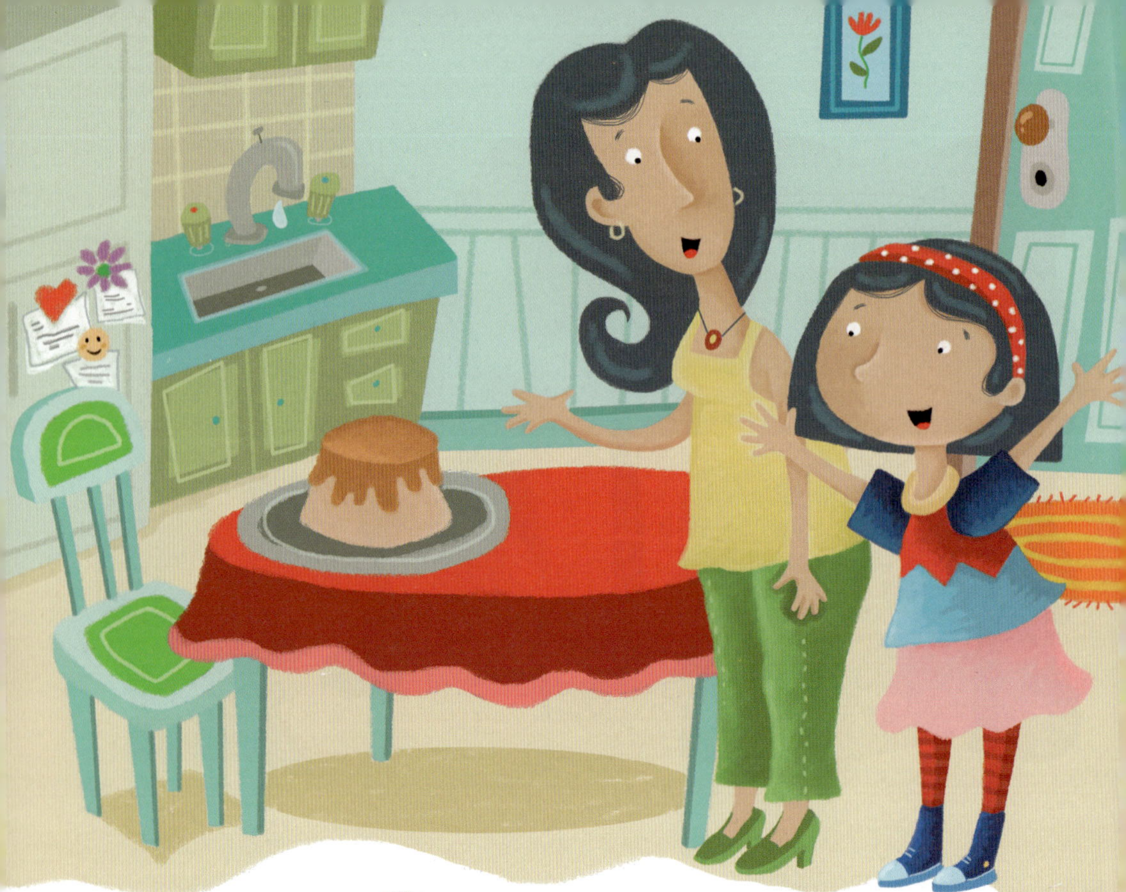

Este 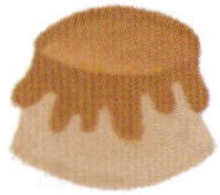 es de mamá.

flan